Wenming Neimenggu Congshu

文明内蒙古丛书

文明实践在身边
企业员工

海清　编著

内蒙古人民出版社

图书在版编目(CIP)数据

文明实践在身边. 企业员工 / 海清编著. —呼和浩特：内蒙古人民出版社，2021.10

（文明内蒙古丛书）

ISBN 978-7-204-16889-7

Ⅰ. ①文… Ⅱ. ①海… Ⅲ. ①社会主义精神文明建设-中国 Ⅳ. ①D648

中国版本图书馆 CIP 数据核字（2021）第 226843 号

文明实践在身边·企业员工

作　　者	海　清
策划编辑	王　静
责任编辑	董丽娟
封面设计	徐敬东　刘那日苏
出版发行	内蒙古人民出版社
地　　址	呼和浩特市新城区中山东路 8 号波士名人国际 B 座 5 楼
网　　址	http://www.impph.cn
印　　刷	内蒙古恩科赛美好印刷有限公司
开　　本	710mm×1000mm　1/16
印　　张	6
字　　数	50 千
版　　次	2021 年 10 月第 1 版
印　　次	2023 年 2 月第 1 次印刷
书　　号	ISBN 978-7-204-16889-7
定　　价	21.00 元

如发现印装质量问题，请与我社联系。联系电话：(0471)3946120

"文明内蒙古丛书"编委会

主　　编：杨佐坤

执行主编：王　静

副 主 编：陈利保　武连生

编　　委：蔺小英　乌恩其　董丽娟　杨喜英
　　　　　王喜刚　李林燕　孙红梅　王重杰
　　　　　王　曼　李治国　段瑞昕　司景民
　　　　　王　实　宝勒道

"文明内蒙古丛书"

线上资源待查收

开 电子书库

阅读本系列全部电子书

学 法律知识

做知法懂法好公民

看《道德观察》纪录片

学习生活中的好榜样

学习笔记

在线记笔记
平台内分享促进步

微信扫码
还有本社好书推荐

序

中华文明源远流长，孕育了中华民族的宝贵精神品格，培育了中国人民的崇高价值追求。中国特色社会主义进入新时代，加强公民道德建设、提高全社会道德水平，是全面建设社会主义现代化强国的战略任务，是适应社会主要矛盾变化、满足人民对美好生活向往的迫切需要，是促进社会全面进步、人的全面发展的必然要求。

党的十八大以来，以习近平同志为核心的党中央高度重视公民道德建设，立根塑魂、正本清源，做出一系列重要部署。中共中央、国务院于2019年10月印发了《新时代公民道德建设实施纲要》，明确了新时代推进社会公德、职业道德、家庭美德、个人品德建设的举措和方向，推动思想道德建设取得显著成效。

然而，随着国际国内形势的深刻变化，我国经济社会的深刻变革，在市场经济规则、政策法规不够健全，社会治理体系不够完善的阶段，受不良思想文化侵蚀和网络有害信息影响，我国道德领域依然存在着不同程度的道德失范现象，拜金主义、享乐主义、极端个人主义仍然比较突出，一些社会成员道德观念模糊甚至缺失，是非、善恶、美丑不分，见利忘义、唯利是图，损人利己、损公肥私，造假欺诈、不讲信用的现象久治不绝，突破公序良俗底线、妨害人民幸福生活、践踏国家尊严、伤害民族感情的事件时有发生。这些问题都需要逐步解决。所以，加强公民道德建设是一项长期而紧迫、艰巨而复杂的任务，需要公民从自身做起，积极参与新时代文明实践活动，践行社会主义核心价值观。

"全部社会生活在本质上是实践的。"精神

文明观念只有通过实践才能实现内化、固化、转化。公民积极参与新时代文明实践，对于提升个人思想觉悟、道德水准、文明素养和全社会文明程度意义深远。同样，个体和群体的精神文明建设成效需要实践来检验。

"文明内蒙古丛书"是一部旨在引领社会思潮、规范道德行为、树立新风正气的丛书。丛书以党员干部、农牧民、市民、企业员工、大学生五类群体为对象，以习近平新时代中国特色社会主义思想和社会主义核心价值观为理论指导，有针对性地为各类群体树立文明实践标准，从而引导内蒙古各族人民形成爱国爱家、相亲相爱、向上向善、共建共享的社会主义文明新风尚，让内蒙古成为锻造理想信念的熔炉、弘扬主流价值的高地、滋养文明风尚的沃土。

《文明实践在身边·党员干部》从党员干部生活中的文明实践、工作岗位文明实践、遵守基本行为规范三个方面切入，详细阐释了党员干部在引领社会新风尚、推动社会进步中发挥的文明行为倡导者、先行者、带头人、主力军的独特作用。通过政策理论引导、反面案例警示、小讲堂提醒等方式，对党员干部怎么做城市文明的先行者，怎么做生态文明的先行者，怎么做文明出行、文明餐桌的先行者，在道德文明建设中起什么作用、传承什么家风、引领什么风尚、遵守哪些基本行为规范等加以明确，对于党员干部提升文明素养，带动群众树立文明意识，推进社会文明具有积极意义。

《文明实践在身边·农牧民》立足农村牧区实际，用农牧民喜闻乐见的顺口溜、标语等形式宣传新时代乡风文明建设内容。全书以社会主义核心价值观为纲，从讲文明、懂礼仪、树新风，爱劳动、勤动脑、勤动手，扬法治、学法规、守规矩，爱中华、讲团结、共发展，爱家乡、护生态、兴产业五个方面切入，每个章节以顺口溜、小故事、知识链接或案例为内容，用农牧民听得懂的语言指出农村牧区存在的陋习，倡导好的做法，从而规范农牧民的言行举止，破除陈规陋习，树立文明新风，营造文明和谐的乡村环境。同时，以铸牢中华民族共同体意识为主线，结合内蒙古正在开展的群众性文明内蒙古建设"十大行动"，将群众性文明实践活动具体化，助力内蒙古乡村振兴。

《文明实践在身边·市民》从公民道德教育、遵守文明行为基本规范方面立意，对如何践行社会公德，在社会中做一个好公民；如何遵守职业道德，在工作中做一个好职工；如何弘扬家庭美德，在家庭中做一个好成员做了阐述。特别是就每个人在日常生活中如何践行文明行为基本规范给出了答案，同时关注了老百姓关心的文明就医、文明上网、文明用餐、文明养犬等日常问题。书中既有分享文明知识的"小讲堂",又有鲜活的案例,融可读性、宣教性、趣味性于一体,是一本生动有趣的市民文明实践读本。

《文明实践在身边·企业员工》阐述了爱国主义精神的内涵,教育引导企业员工自觉接受爱国主义教育,自觉践行爱国主义精神。同时对企业员工认同企业文化和岗位价值做了简单明了的阐释,对员工应遵守的基本行为规范进行了分类说明,指出员工应当承担的义务。全书既有思想引导,又有分类分条的职业行为规范,对企业员工规范自身行为,积极参与企业文化建设,提高团队协作意识,履行法定义务具有一定指导意义。

《文明实践在身边·大学生》从引导大学生做好身边点滴小事和遵守基本行为规范着手,帮助大学生群体坚定理想信念、树立远大理想,成为担当民族复兴大任的时代新人。全书以大学生应该坚定什么样的理想信念,锤炼什么样的品德，如何强健体魄、严于律己等为内容，通过摆案例、讲故事、立规范等形式，明确了大学生在校园内应该践行的文明礼仪和遵守的规章制度，在校园外应该弘扬的传统美德和遵守的法律法规等。针对大学生如何爱国、如何维护民族团结、如何参加社会实践等给出行动指南，在引导新时代大学生等青年群体积极践行社会主义核心价值观方面做了有益探索，具有较强的指导性和教育性。

本丛书的出版有利于在内蒙古营造培育和践行社会主义核心价值观的浓厚氛围，是贯彻习近平新时代中国特色社会主义思想的具体实践，具有重要的现实意义和教育意义。

目 录

扫码查看
- 同系列电子书
- 法制科普教育

第一章　爱国 / 1

（一）企业要自觉开展爱国主义教育 / 1

（二）企业员工要自觉践行爱国主义精神 / 31

第二章　爱岗 / 36

（一）认同企业文化和岗位价值 / 36

（二）爱岗敬业、勤奋工作 / 53

（三）团结协作、诚信奉献 / 59

第三章　遵守基本行为规范 / 63

（一）遵守社会公德，恪守职业道德 / 63

（二）职业行为准则 / 64

（三）日常礼仪规范 / 66

（四）保密工作规范 / 71

第四章　主动履行法定义务 / 72

（一）企业员工有遵纪守法的义务 / 72

（二）企业员工有遵守规章制度的义务 / 73

（三）企业员工有保守商业秘密的义务 / 75

后　记 / 81

第一章
爱 国

扫码查看
- 同系列电子书
- 法制科普教育

（一）企业要自觉开展爱国主义教育

企业要自觉按照《新时代爱国主义教育实施纲要》开展爱国主义教育。从家祭告乃翁到丹心照汗青，从捐躯赴国难到位卑亦忧国……在中华民族五千多年的历史长河中，爱国是绵延不绝的铿锵旋律。党的十八大以来，以习近平同志为核心的党中央高度重视爱国主义教育，固本培元、凝心铸魂，作出一系列重要部署，推动爱国主义教育取得显著成效。党的理论创新成果深入人心，全党全社会思想上的团结统一更加巩固，干部群众的爱国情、强国志、报国行广为激发，全体人民同心同德、步调一致向前进的信念信心更加坚定，在举办大事要事、应对风险挑战中，展现出朝气蓬勃的精气神。

习近平总书记指出，爱国主义是我们民族精神的核心。中国特色社会主义进入新时代，必须大力弘扬爱国主义精神。

爱国主义是中国人民对祖国最深厚、最纯洁、最神圣的情感，是全国各族人民自强不息、团结奋斗的一面旗帜，是推动我国社会不断发展进步的巨大精神力量。忠于并热爱自己的祖国，维护祖国的尊严和统一，是每一个公民的义务。企业是"国家公民"之一，有责任和义务开展好爱国主义教育，引导员工将个人利益与集体利益、国家利益结合起来，积极为企业发展献计、献策、献力，将个人理想、企业理想融入国家美好愿景，让个人奋斗、企业发展与国家建设同频共振。

企业员工也要自觉学习党史、新中国史、改革开放史、社会主义发展史，了解我国社会主义初级阶段基本国情和当前社会发展的阶段性特征，主动适应经济发展新常态，进一步增强建设祖国的责任感和共圆伟大中国梦的使命感。

企业员工应把个人的前途命运与祖国的前途命运紧密结合起来，深刻认识祖国永远是自己的温暖家园和坚强后盾，更好地把爱国热情转化为维护国家根本利益和民族尊严的自觉行动。

企业员工要时刻正己修身、居安思危、牢记使命，把对国家的忠诚与热爱融入工作实际，倾注在推动企业发展进步上，抓住机遇、着眼发展、开拓创新，为建设现代化企业贡献力量，为报效祖国付出实际行动。

 榜样的力量

"光明使者" 张黎明

张黎明是国家电网天津滨海供电公司运维检修部配电抢修一班班长、滨海黎明共产党员服务队队长。他爱岗敬业，工作30多年来始终奋战

在电力抢修一线，累计巡线8万多公里，完成故障抢修作业近2万次，被誉为电力抢修的"活地图"。他勇于创新，先后参与开展技术革新400余项，其中，20多项填补电力行业空白，是知识型、技能型、创新型劳动者的杰出代表。他甘于奉献，模范践行全心全意为人民服务的根本宗旨，带领滨海黎明共产党员服务队十年如一日地开展学雷锋志愿服务，用爱心搭起了企业与群众的"连心桥"。

张黎明曾荣获全国优秀共产党员、全国劳动模范、全国五一劳动奖章、全国职工职业道德建设标兵、全国岗位学雷锋标兵等多项荣誉，并当选中国共产党第十九次全国代表大会代表。2018年5月28日，中宣部向全社会发布张黎明的先进事迹，授予他"时代楷模"称号。

践行"一带一路"倡议，树立"走出去"企业典范

中国河钢集团与塞尔维亚斯梅代雷沃钢厂合

第一章 爱国

作运营项目自2016年启动以来，河钢集团塞尔维亚公司管理团队9名工作人员勇于担当、忠诚履职，把发挥中方企业营销服务网络优势与挖掘塞方企业内部潜力结合起来，使企业扭亏为盈、重获新生，成为塞尔维亚就业人数最多的企业和第一大出口企业。他们面对跨文化企业整合难题，因地制宜、善作善成，创造性提出用人本地化、利益本地化、文化本地化的海外经营策略，营造了中塞员工通力合作、共同奋斗的良好局面，促进了"中塞一家亲"。他们扎根异国他乡，自觉把个人追求融入党和人民的事业之中，艰苦奋斗、敬业奉献，展现了国企党员干部的责任担当和中国人民的良好形象。

2019年4月25日，中宣部向全社会发布河钢集团塞尔维亚公司管理团队的先进事迹，授予他们"时代楷模"称号。

第一章 爱 国

 小讲堂

新时代爱国主义教育实施纲要

爱国主义是中华民族的民族心、民族魂,是中华民族最重要的精神财富,是中国人民和中华民族维护民族独立和民族尊严的强大精神动力。爱国主义精神深深植根于中华民族心中,维系着中华大地上各个民族的团结统一,激励着一代又一代中华儿女为祖国发展繁荣而自强不息、不懈奋斗。中国共产党是爱国主义精神最坚定的弘扬者和实践者,90多年来,中国共产党团结带领全国各族人民进行的革命、建设、改革实践是爱国主义的伟大实践,写下了中华民族爱国主义精神的辉煌篇章。党的十八大以来,以习近平同志为核心的党中央高度重视爱国主义教育,固本培元、凝心铸魂,作出一系列重要部署,推动爱国主义教育取得显著成效。当前,中国特色社会主义进入新时代,中华民族伟大复兴正处于关键时期。

新时代加强爱国主义教育，对于振奋民族精神、凝聚全民族力量，决胜全面建成小康社会，夺取新时代中国特色社会主义伟大胜利，实现中华民族伟大复兴的中国梦，具有重大而深远的意义。

一、总体要求

1. 指导思想。坚持以马克思列宁主义、毛泽东思想、邓小平理论、"三个代表"重要思想、科学发展观、习近平新时代中国特色社会主义思想为指导，增强"四个意识"，坚定"四个自信"，做到"两个维护"，着眼培养担当民族复兴大任的时代新人，始终高扬爱国主义旗帜，着力培养爱国之情、砥砺强国之志、实践报国之行，使爱国主义成为全体中国人民的坚定信念、精神力量和自觉行动。

2. 坚持把实现中华民族伟大复兴的中国梦作为鲜明主题。伟大事业需要伟大精神，伟大精神铸就伟大梦想。要把国家富强、民族振兴、人民幸福作为不懈追求，着力扎紧全国各族人民团结奋斗的精神纽带，厚植家国情怀，培育精神家园，引导人们坚持中国道路、弘扬中国精神、凝聚中国力量，为实现中华民族伟大复兴的中国梦提供强大精神动力。

3. 坚持爱党爱国爱社会主义相统一。新中国是中国共产党领导的社会主义国家，祖国的命运与党的命运、社会主义的命运密不可分。当代中国，爱国主义的本质就是坚持爱国和爱党、爱社会主义高度统一。要区分层次、区别对象，引导人们深刻认识党的领导是中国特色社会主义最本质特征和最大制度优势，坚持党的领导、坚持走中国特色社会主义道路是实现国家富强的根本保障和必由之路，以坚定的信念、真挚的情感把新时代中国特色社会主义一以贯之进行下去。

4. 坚持以维护祖国统一和民族团结为着力点。国家统一和民族团结是中华民族根本利益所在。要始终不渝坚持民族团结是各族人民的生命线，巩固和发展平等团结互助和谐的社会主义民族关系，引导全国各族人民像爱护自己的眼睛一样珍惜民族团结，维护全国各族人民大团结的政治局面，巩固和发展最广泛的爱国统一战线，不断增强对伟大祖国、中华民族、中华文化、中国共产党、中国特色社会主义的认同，坚决维护国家主权、安全、发展利益，旗帜鲜明反对分裂国家图谋、破坏民族团结的言行，筑牢国家统一、民族团结、社会稳定的铜墙铁壁。

5. 坚持以立为本、重在建设。爱国主义是中华儿女最自然、最朴素的情感。要坚持从娃娃抓起，着眼固本培元、凝心铸魂，突出思想内涵，强化思想引领，做到润物无声，把基本要求和具体实际结合起来，把全面覆盖和突出重点结合起来，遵循规律、创新发展，注重落细落小落实、日常经常平常，强化教育引导、实践养成、制度保障，推动爱国主义教育融入贯穿国民教育和精神文明建设全过程。

6. 坚持立足中国又面向世界。一个国家、一个民族，只有开放兼容，才能富强兴盛。要把弘扬爱国主义精神与扩大对外开放结合起来，尊重各国历史特点、文化传统，尊重各国人民选择的发展道路，善于从不同文明中寻求智慧、汲取营养，促进人类和平与发展的崇高事业，共同推动人类文明发展进步。

二、基本内容

7. 坚持用习近平新时代中国特色社会主义思想武装全党、教育人民。习近平新时代中国特色社会主义思想是马克思主义中国化最新成果，是党和人民实践经验和集体智慧的结晶，是中国特色社会主义理论体系的重要组成部分，是全党全国人民为实现中华民族伟大复兴而奋斗的行动指南，必须长期坚持并不断发展。要深刻理解习近平新时代中国特色社会主义思想的核心要义、精神实质、丰富内涵、实践要求，不断增强干部群众的政治意识、大局意识、核心意识、看齐意识，坚决维护习近平总书记党中央的核心、全党的核心地位，坚决维护党中央权威和集中统一领导。要紧密结合人们生产生活实际，推动习近平新时代中国特色社会主义思想进企业、进农村、进机关、进校园、进社区、进军营、进网络，真正使党的创新理论落地生根、开花结果。要在知行合一、学以致用上下功夫，引导干部群众坚持以习近平新时代中国特色社会主义思想为指导，展现新气象、激发新作为，把学习教育成果转化为爱国报国的实际行动。

8. 深入开展中国特色社会主义和中国梦教育。中国特色社会主义集中体现着国家、民族、人民根本利益。要高举中国特色社会主义伟大旗帜，广泛开展理想信念教育，用党领导人民进行伟大社会革命的成果说话，用改革开放以来社会主义现代化建设的伟大成就说话，用新时代坚持和发展中国特色社会主义的生动实践说话，用中国特色社会主义制度的优势说话，在历史与现实、国际与国内的对比中，引导人们深刻认识中国共产党为什么"能"、马克思主义为什么"行"、中国特色社会主义为什么"好"，牢记红色政权是从哪里来的、新中国是怎么建立起来的，倍加珍惜我们党开创的中国特色社会主义，不断增强道路自信、理论自信、制度自信、文化自信。要深入开展中国梦教育，引导人们深刻认识中国梦是国家的梦、民族的梦，也是每个中国人的梦，深刻认识中华民族伟大复兴绝不是轻轻松松、敲锣打鼓就能实现的，要付出更为艰巨、更为艰苦的努力，争做新时代的奋斗者、追梦人。

9. 深入开展国情教育和形势政策教育。要深入开展国情教育，帮助人们了解我国发展新的历史方位、社会主要矛盾的变化，引导人们深刻认识到，我国仍处于并将长期处于社会主义初级阶段的基本国情没有变，我国是世界上最大发展中国家的国际地位没有变，始终准确把握基本国情，既不落后于时代，也不脱离实际、超越阶段。要深入开展形势政策教育，帮助人们树立正确的历史观、大局观、角色观，了解世界正经历百年未有之大变局，我国仍处于发展的重要战略机遇期，引导人们清醒认识国际国内形势发展变化，做好我们自己的事情。要发扬斗争精神，增强斗争本领，引导人们充分认识伟大斗争的长期性、复杂性、艰巨性，敢于直面风险挑战，以坚忍不拔的意志和无私无畏的勇气战胜前进道路上的一切艰难险阻，在进行伟大斗争中更好弘扬爱国主义精神。

10. 大力弘扬民族精神和时代精神。以爱国主义为核心的民族精神和以改革创新为核心的时代精神，是凝心聚力的兴国之魂、强国之魂。要聚焦培养担当民族复兴大任的时代新人，培育和践行社会主义核心价值观，广泛开展爱国主义、集体主义、社会主义教育，提高人们的思想觉悟、道德水准和文明素养。要唱响人民赞歌、展现人民风貌，大力弘扬中国人民在长期奋斗中形成的伟大创造精神、伟大奋斗精神、伟大团结精神、伟大梦想精神，生动展示人民群众在新时代的新实践、新业绩、新作为。

11. 广泛开展党史、国史、改革开放史教育。历史是最好的教科书，也是最好的清醒剂。要结合中华民族从站起来、富起来到强起来的伟大飞跃，引导人们深刻认识历史和人民选择中国共产党、选择马克思主义、选择社会主义道路、选择改革开放的历史必然性，深刻认识我们国家和民族从哪里来、到哪里去，坚决反对历史虚无主义。要继承革命传统，弘扬革命精神，传承红色基因，结合新的时代特点赋予新的内涵，使之转化为激励人民群众进行伟大斗争的强大动力。要加强改革开放教育，引导人们深刻认识改革开放是党和人民大踏步赶上时代的重要法宝,是坚持和发展中国特色社会主义的必由之路,是决定当代中国命运的关键一招,也是决定实现"两个一百年"奋斗目标、实现中华民族伟大复兴的关键一招,凝聚起将改革开放进行到底的强大力量。

12. 传承和弘扬中华优秀传统文化。对祖国悠久历史、深厚文化的理解和接受,是爱国主义情感培育和发展的重要条件。要引导人们了解中华民族的悠久历史和灿烂文化,从历史中汲取营养和智慧,自觉延续文化基因,增强民族自尊心、自信心和自豪感。要坚持古为今用、推陈出新,不忘本来、辩证取舍,深入实施中华优秀传统文化传承发展工程,推动中华文化创造性转化、创新性发展。要坚守正道、弘扬大道,反对文化虚无主义,引导人们树立和坚持正确的历史观、民族观、国家观、文化观,不断增强中华民族的归属感、认同感、尊严感、荣誉感。

13. 强化祖国统一和民族团结进步教育。实现祖国统一、维护民族团结,是中华民族的不懈追求。要加强祖国统一教育,深刻揭示维护国家主权和领土完整、实现祖国完全统一是大势所趋、大义所在、民心所向,增进广大同胞心灵契合、互信认同,与分裂祖国的言行开展坚决斗争,引导全体中华儿女为实现民族伟大复兴、推进祖国和平统一而共同奋斗。深化民族团结进步教育,铸牢中华民族共同体意识,加强各民族交往交流交融,引导各族群众牢固树立"三个离不开"思想,不断增强"五个认同",使各民族同呼吸、共命运、心连心的光荣传统代代相传。

14. 加强国家安全教育和国防教育。国家安全是安邦定国的重要基石。要加强国家安全教育,深入学习宣传总体国家安全观,增强全党全国人民国家安全意识,自觉维护政治安全、国土安全、经济安全、社会安全、网络安全和外部安全。要加强国防教育,增强全民国防观念,使关心国防、热爱国防、建设国防、保卫国防成为全社会的思想共识和自觉行动。要深入开展增强忧患意识、防范化解重大风险的宣传教育,引导广大干部群众强化风险意识,科学辨识风险、有效应对风险,做到居安思危、防患未然。

三、新时代爱国主义教育要面向全体人民、聚焦青少年

15. 充分发挥课堂教学的主渠道作用。培养社会主义建设者和接班人，首先要培养学生的爱国情怀。要把青少年作为爱国主义教育的重中之重，将爱国主义精神贯穿于学校教育全过程，推动爱国主义教育进课堂、进教材、进头脑。在普通中小学、中职学校，将爱国主义教育内容融入语文、道德与法治、历史等学科教材编写和教育教学中，在普通高校将爱国主义教育与哲学社会科学相关专业课程有机结合，加大爱国主义教育内容的比重。创新爱国主义教育的形式，丰富和优化课程资源，支持和鼓励多种形式开发微课、微视频等教育资源和在线课程，开发体现爱国主义教育要求的音乐、美术、书法、舞蹈、戏剧作品等，进一步增强吸引力感染力。

16. 办好学校思想政治理论课。思想政治理论课是爱国主义教育的主阵地。要紧紧抓住青少年阶段的"拔节孕穗期"，理直气壮开好思想政治理论课，引导学生把爱国情、强国志、报国行

自觉融入坚持和发展中国特色社会主义事业、建设社会主义现代化强国、实现中华民族伟大复兴的奋斗之中。按照政治强、情怀深、思维新、视野广、自律严、人格正的要求，加强思想政治理论课教师队伍建设，让有信仰的人讲信仰，让有爱国情怀的人讲爱国。推动思想政治理论课改革创新，发挥学生主体作用，采取互动式、启发式、交流式教学，增强思想性理论性和亲和力针对性，在教育灌输和潜移默化中，引导学生树立国家意识、增进爱国情感。

17. 组织推出爱国主义精品出版物。针对不同年龄、不同成长阶段，坚持精品标准，加大创作力度，推出反映爱国主义内容的高质量儿童读物、教辅读物，让广大青少年自觉接受爱国主义熏陶。积极推荐爱国主义主题出版物，大力开展爱国主义教育读书活动。结合青少年兴趣点和接受习惯，大力开发并积极推介体现中华文化精髓、富有爱国主义气息的网络文学、动漫、有声读物、网络游戏、手机游戏、短视频等。

18. 广泛组织开展实践活动。大中小学的党组织、共青团、少先队、学生会、学生社团等，要把爱国主义内容融入党日团日、主题班会、班队会以及各类主题教育活动之中。广泛开展文明校园创建，强化校训校歌校史的爱国主义教育功能，组织开展丰富多彩的校园文化活动。组织大中小学生参观纪念馆、展览馆、博物馆、烈士纪念设施，参加军事训练、冬令营夏令营、文化科技卫生"三下乡"、学雷锋志愿服务、创新创业、公益活动等，更好地了解国情民情，强化责任担当。密切与城市社区、农村、企业、部队、社会机构等的联系，丰富拓展爱国主义教育校外实践领域。

19. 在广大知识分子中弘扬爱国奋斗精神。我国知识分子历来有浓厚的家国情怀和强烈的社会责任感。深入开展"弘扬爱国奋斗精神、建功立业新时代"活动，弘扬"两弹一星"精神、载人航天精神等，大力组织优秀知识分子学习宣传，引导新时代知识分子把自己的理想同祖国的前途、把自己的人生同民族的命运紧密联系在一起，立足本职、拼搏奋斗、创新创造，在新时代作出应有的贡献。广泛动员和组织知识分子深入改革开放前沿、经济发展一线和革命老区、民族地区、边疆地区、贫困地区，开展调研考察和咨询服务，深入了解国情，坚定爱国追求。

20. 激发社会各界人士的爱国热情。社会各界的代表性人士具有较强示范效应。要坚持信任尊重团结引导，增进和凝聚政治共识，夯实共同思想政治基础，不断扩大团结面，充分调动社会各界人士的爱国热情和社会担当。通过开展职业精神职业道德教育、建立健全相关制度规范、发挥行业和舆论监督作用等，引导社会各界人士增强道德自律、履行社会责任。坚持我国宗教的中国化方向，加强宗教界人士和信教群众的爱国主义教育，引导他们热爱祖国、拥护社会主义制度、拥护中国共产党的领导，遵守国家法律法规和方针政策。加强"一国两制"实践教育，引导人们包括香港特别行政区同胞、澳门特别行政区同胞、台湾同胞和海外侨胞增强对国家的认同，自觉维护国家统一和民族团结。

四、丰富新时代爱国主义教育的实践载体

21. 建好用好爱国主义教育基地和国防教育

基地。各级各类爱国主义教育基地，是激发爱国热情、凝聚人民力量、培育民族精神的重要场所。要加强内容建设，改进展陈方式，着力打造主题突出、导向鲜明、内涵丰富的精品陈列，强化爱国主义教育和红色教育功能，为社会各界群众参观学习提供更好服务。健全全国爱国主义教育示范基地动态管理机制，进一步完善落实免费开放政策和保障机制，根据实际情况，对爱国主义教育基地免费开放财政补助进行重新核定。依托军地资源，优化结构布局，提升质量水平，建设一批国防特色鲜明、功能设施配套、作用发挥明显的国防教育基地。

22. 注重运用仪式礼仪。认真贯彻执行国旗法、国徽法、国歌法，学习宣传基本知识和国旗升挂、国徽使用、国歌奏唱礼仪。在全社会广泛开展"同升国旗、同唱国歌"活动，让人们充分表达爱国情感。各级广播电台、电视台每天定时在主频率、主频道播放国歌。国庆期间，各级党政机关、人民团体、大型企事业单位、全国城乡社区和爱国主义教育基地等，要组织升国旗仪式并悬挂国旗。

鼓励居民家庭在家门前适当位置悬挂国旗。认真组织宪法宣誓仪式、入党入团入队仪式等，通过公开宣誓、重温誓词等形式，强化国家意识和集体观念。

23. 组织重大纪念活动。充分挖掘重大纪念日、重大历史事件蕴含的爱国主义教育资源，组织开展系列庆祝或纪念活动和群众性主题教育。抓住国庆节这一重要时间节点，广泛开展"我和我的祖国"系列主题活动，通过主题宣讲、大合唱、共和国故事汇、快闪、灯光秀、游园活动等形式，引导人们歌唱祖国、致敬祖国、祝福祖国，使国庆黄金周成为爱国活动周。充分运用"七一"党的生日、"八一"建军节等时间节点，广泛深入组织各种纪念活动，唱响共产党好、人民军队好的主旋律。在中国人民抗日战争胜利纪念日、烈士纪念日、南京大屠杀死难者国家公祭日期间，精心组织公祭、瞻仰纪念碑、祭扫烈士墓等，引导人们牢记历史、不忘过去，缅怀先烈、面向未来，激发爱国热情、凝聚奋进力量。

24. 发挥传统和现代节日的涵育功能。大力实施中国传统节日振兴工程，深化"我们的节日"主题活动，利用春节、元宵、清明、端午、七夕、中秋、重阳等重要传统节日，开展丰富多彩、积极健康、富有价值内涵的民俗文化活动，引导人们感悟中华文化、增进家国情怀。结合元旦、"三八"国际妇女节、"五一"国际劳动节、"五四"青年节、"六一"国际儿童节和中国农民丰收节等，开展各具特色的庆祝活动，激发人们的爱国主义和集体主义精神。

25. 依托自然人文景观和重大工程开展教育。寓爱国主义教育于游览观光之中，通过宣传展示、体验感受等多种方式，引导人们领略壮美河山，投身美丽中国建设。系统梳理传统文化资源，加强考古发掘和整理研究，保护好文物古迹、传统村落、民族村寨、传统建筑、农业遗迹、灌溉工程遗产、工业遗迹，推动遗产资源合理利用，健全非物质文化遗产保护制度，推进国家文化公园建设。推动文化和旅游融合发展，提升旅游质量水平和文化内涵，深入挖掘旅游资源中蕴含的爱国主义内容，防止过度商业行为和破坏性开发。

推动红色旅游内涵式发展，完善全国红色旅游经典景区体系，凸显教育功能，加强对讲解员、导游等从业人员的管理培训，加强对解说词、旅游项目等的规范，坚持正确的历史观和历史标准。依托国家重大建设工程、科学工程等，建设一批展现新时代风采的主题教育基地。

五、营造新时代爱国主义教育的浓厚氛围

26. 用好报刊广播影视等大众传媒。各级各类媒体要聚焦爱国主义主题，创新方法手段，适应分众化、差异化传播趋势，使爱国主义宣传报道接地气、有生气、聚人气，有情感、有深度、有温度。把爱国主义主题融入贯穿媒体融合发展，打通网上网下、版面页面，推出系列专题专栏、新闻报道、言论评论以及融媒体产品，加强县级融媒体中心建设，生动讲好爱国故事、大力传播主流价值观。制作刊播爱国主义优秀公益广告作品，在街头户外张贴悬挂展示标语口号、宣传挂图，生动形象做好宣传。坚持正确舆论导向，对虚无历史、消解主流价值的错误思想言论，及时进行批驳和辨析引导。

27. 发挥先进典型的引领作用。大力宣传为中华民族和中国人民作出贡献的英雄，宣传革命、建设、改革时期涌现出的英雄烈士和模范人物，宣传时代楷模、道德模范、最美人物和身边好人，宣传具有爱国情怀的地方先贤、知名人物，以榜样的力量激励人、鼓舞人。广泛开展向先进典型学习活动，引导人们把敬仰和感动转化为干事创业、精忠报国的实际行动。做好先进模范人物的关心帮扶工作，落实相关待遇和礼遇，在全社会大力营造崇尚英雄、学习英雄、捍卫英雄、关爱英雄的浓厚氛围。

28. 创作生产优秀文艺作品。把爱国主义作为常写常新的主题，加大现实题材创作力度，为时代画像、为时代立传、为时代明德，不断推出讴歌党、讴歌祖国、讴歌人民、讴歌劳动、讴歌英雄的精品力作。深入实施中国当代文学艺术创作工程、重大历史题材创作工程等，加大对爱国主义题材文学创作、影视创作、词曲创作等的支持力度，加强对经典爱国歌曲、爱国影片的深入挖掘和创新传播，唱响爱国主义正气歌。文艺创作和评论评奖要具有鲜明爱国主义导向，倡导讲品位、讲格调、讲责任，抵制低俗、庸俗、媚俗，坚决反对亵渎祖先、亵渎经典、亵渎英雄，始终保持社会主义文艺的爱国底色。

29. 唱响互联网爱国主义主旋律。加强爱国主义网络内容建设，广泛开展网上主题教育活动，制作推介体现爱国主义内容、适合网络传播的音频、短视频、网络文章、纪录片、微电影等，让爱国主义充盈网络空间。实施爱国主义数字建设工程，推动爱国主义教育基地、红色旅游与网络传播有机结合。创新传播载体手段，积极运用微博微信、社交媒体、视频网站、手机客户端等传播平台，运用虚拟现实、增强现实、混合现实等新技术新产品，生动活泼开展网上爱国主义教育。充分发挥"学习强国"学习平台在爱国主义宣传教育中的作用。加强网上舆论引导，依法依规进行综合治理，引导网民自觉抵制损害国家荣誉、否定中华优秀传统文化的错误言行，汇聚网上正能量。

30. 涵养积极进取开放包容理性平和的国民

心态。加强宣传教育，引导人们正确把握中国与世界的发展大势，正确认识中国与世界的关系，既不妄自尊大也不妄自菲薄，做到自尊自信、理性平和。爱国主义是世界各国人民共有的情感，实现世界和平与发展是各国人民共同的愿望。一方面要弘扬爱国主义精神，另一方面要培养海纳百川、开放包容的胸襟，大力宣传坚持和平发展合作共赢、构建人类命运共同体、共建"一带一路"等重要理念和倡议，激励广大人民同各国人民一道共同创造美好未来。对每一个中国人来说，爱国是本分，也是职责，是心之所系、情之所归。倡导知行合一，推动爱国之情转化为实际行动，使人们理性表达爱国情感，反对极端行为。

31. 强化制度和法治保障。把爱国主义精神融入相关法律法规和政策制度，体现到市民公约、村规民约、学生守则、行业规范、团体章程等的制定完善中，发挥指引、约束和规范作用。在全社会深入学习宣传宪法、英雄烈士保护法、文物保护法等，广泛开展法治文化活动，使普法过程成为爱国主义教育过程。严格执法司法、推进依法治理，综合运用行政、法律等手段，对不尊重国歌国旗国徽等国家象征与标志，对侵害英雄烈士姓名、肖像、名誉、荣誉等行为，对破坏污损爱国主义教育场所设施，对宣扬、美化侵略战争和侵略行为等，依法依规进行严肃处理。依法严惩暴力恐怖、民族分裂等危害国家安全和社会稳定的犯罪行为。

六、加强对新时代爱国主义教育的组织领导

32. 各级党委和政府要承担起主体责任。各级党委和政府要负起政治责任和领导责任，把爱国主义教育摆上重要日程，纳入意识形态工作责任制，加强阵地建设和管理，抓好各项任务落实。进一步健全党委统一领导、党政齐抓共管、宣传部门统筹协调、有关部门各负其责的工作格局，建立爱国主义教育联席会议制度，加强工作指导和沟通协调，及时研究解决工作中的重要事项和存在问题。广大党员干部要以身作则，牢记初心使命，勇于担当作为，发挥模范带头作用，做爱国主义的坚定弘扬者和实践者，同违背爱国主义的言行作坚决斗争。

33. 调动广大人民群众的积极性主动性。爱国主义教育是全民教育，必须突出教育的群众性。各级工会、共青团、妇联和文联、作协、科协、侨联、残联以及关工委等人民团体和群众组织，要发挥各自优势，面向所联系的领域和群体广泛开展爱国主义教育。组织动员老干部、老战士、老专家、老教师、老模范等到广大群众特别是青少年中讲述亲身经历，弘扬爱国传统。坚持热在基层、热在群众，结合人们生产生活，把爱国主义教育融入到新时代文明实践中心建设、学雷锋志愿服务、精神文明创建之中，体现到百姓宣讲、广场舞、文艺演出、邻居节等群众性活动之中，引导人们自我宣传、自我教育、自我提高。

34. 求真务实注重实效。爱国主义教育是思想的洗礼、精神的熏陶。要坚持目标导向、问题导向、效果导向，坚持虚功实做、久久为功，在深化、转化上下功夫，在具象化、细微处下功夫，更好地体现时代性、把握规律性、富于创造性。坚持从实际出发，务实节俭开展教育、组织活动，杜绝铺张浪费，不给基层和群众增加负担，坚决反对形式主义、官僚主义。

各地区各部门要根据本纲要制定贯彻落实的具体措施，确保爱国主义教育各项任务要求落到实处。

中国人民解放军和中国人民武装警察部队按照本纲要总的要求，结合部队实际制定具体规划、作出安排部署。

升国旗时应注意的礼仪

1.举行升旗仪式时，要仪表规范，仪态庄重，面向国旗，脱帽肃立致敬。

2.升国旗的过程中，要保持安静，不要喧哗、走动、东张西望、窃窃私语。

3.参加升旗仪式迟到且恰逢升国旗、奏国歌时，要立即停步，面向国旗，自觉肃立；待升旗仪式完毕后，方可走动。

4.唱国歌时，要有激情，曲调准确，声音洪亮。

（二）企业员工要自觉践行爱国主义精神

爱国，从来都不是抽象的，而是具体的。爱国主义是中华民族团结奋斗、自强不息的精神纽带，是深深根植于中国人民心中的最朴素、最高尚、最神圣的情感。爱国，表现为对祖国大好河山和历史文化的热爱；表现为强烈的民族自尊心、自信心和自豪感；表现为忧国忧民的情怀，以身许国的信念，"我以我血荐轩辕"的民族大义和"天下兴亡，匹夫有责"的责任担当。

在我国传统文化中，国与家是不可分割的。国家贫穷落后，人民就会遭受无尽的灾难；国家繁荣富强，人民才会幸福。因此，爱国不能停留在喊口号上，而是要把自己的理想同祖国的前途、把自己的人生同民族的命运紧密联系在一起，以实际行动维护国家利益，在中华民族伟大复兴的历史实践中奉献自己的智慧和力量。

中华民族历经磨难却历久弥坚的关键就是爱

国主义精神所铸就的强烈的民族意识，它使中华民族无论身处何种困境、险境、逆境，都能屹立不倒。

自古以来，中华民族一直秉承热爱祖国，矢志不渝，天下兴亡，匹夫有责，维护统一，反对分裂，同仇敌忾，抗御外侮等爱国主义优良传统。近代以来，无数爱国志士发愤图强，努力探索和寻求民族复兴的道路。在中国共产党的领导下，中国人民以马克思主义为思想武器，经过艰苦卓绝的长期奋斗，实现了民族独立和人民解放，建立了社会主义新中国，为中华民族伟大复兴的中国梦奠定了坚实的基础。中华人民共和国成立以来，中国人民的爱国热情空前高涨，爱国主义在推动国家全面发展和进步方面，发挥着越来越重要的作用。可见，千百年来，深深融入中华民族血脉之中的爱国主义优良传统，已经成为鼓舞中华民族艰苦奋斗、继往开来的重要精神支柱，同时也是鼓舞中华儿女砥砺奋进的强大精神动力。

新时代，爱国主义依旧是中华民族踔厉奋发、笃行不怠的精神支柱，是维护祖国统一和民族团结的精神纽带，也是实现中华民族伟大复兴的精神动力，具有与时俱进的现实意义。

爱国主义精神作为一种体现人民群众对祖国深厚感情的崇高精神，是同促进历史发展密切联系在一起的，是同维护国家独立和广大人民的根本利益密切联系在一起的。现阶段，爱国主义主要表现为献身于建设和保卫社会主义现代化事业，献身于促进祖国统一事业和实现中华民族伟大复兴中国梦的时代任务。

脚踏实地，做忠诚的爱国者，应当成为我们每个中华儿女的基本追求。

 **榜样的力量**

芳草递春风

"没有人能百毒不侵，热血可以融化恐惧；没有人是生来的勇者，责任催促你重装上阵。八方统筹，百般服务。你以凡人之力，书写一段传奇。"

汪勇是湖北顺丰速运有限公司江汉分部经理。2020年1月23日,武汉因新冠疫情防控需要关闭离汉通道,所有公共交通"停摆"。得知武汉金银潭医院医护人员上下班(特别是夜间)存在困难后,汪勇不论早晚、不计远近、不惧危险,免费为"白衣天使"保驾护航。

随着全国援鄂医疗队不断驰援武汉,接送司机需求激增,他自发组建志愿者车队,又联系共享单车公司、共享电动车公司和网约车公司,有效解决了医护人员出行问题。当医护人员吃不上热饭时,他千方百计寻找爱心资源,每天为他们免费供应15000多份热腾腾的盒饭。同时,他还变身为金银潭医院的"后勤部部长",带领志愿者团队为医护人员换眼镜片、修手机屏幕、买拖鞋、找秋裤。他甚至自筹10万元购置1000件羽绒服和2000双防护鞋套,用无私大爱守护冬日里逆行的"白衣天使"。他还通过自己的号召力和各类社会资源,为东西湖区1000户孤残老人发放全年基本生活物资,为4000余名高中困难学子提供每年3200元的助学金。

疫情期间，汪勇 31 天未回家，吃住在单位仓库里，全身心开展志愿服务，以实际行动感染着青年一代。

第二章
爱 岗

扫码查看
- 同系列电子书
- 法制科普教育

（一）认同企业文化和岗位价值

党的十八大以来，习近平总书记提出并深刻阐述了实现中华民族伟大复兴的中国梦。中国梦生动形象地表达了全体中国人民的共同理想追求，昭示着国家富强、民族振兴、人民幸福的美好前景，为坚持和发展中国特色社会主义注入新的内涵和时代精神。中国梦已经成为凝聚党心民心、激励中华儿女为实现中华民族伟大复兴而奋斗的强大精神力量。

第二章 爱 岗

文明实践在身边·企业员工

企业作为国民经济的基本单位,是影响国家竞争力的主要因素之一。思想政治工作是企业发展的基石,只有增强企业员工的思想凝聚力,才能促进企业健康蓬勃发展。

而今,在企业党建工作环境和条件发生深刻变化的情形下,企业党组织必须适应形势发展需要,把思想政治工作提升到一个更高、更新的境界。企业要坚持用习近平新时代中国特色社会主义思想指导实践,不断增强思想政治工作的针对性和时效性,带领广大员工紧紧围绕"实干"这个核心,开拓创新,攻坚克难,做大做强。

如何认识企业文化

企业文化是在一定的社会历史条件下,企业在生产经营和管理活动中所创造的具有该企业特色的物质形态和精神财富,包括文化环境、企业产品、企业愿景、价值观念、企业精神、道德规范、行为准则、企业制度等。

企业文化是企业的灵魂,是推动企业发展的

不竭动力，其核心是企业的精神和价值观，是企业或企业员工在经营活动中所秉持的价值观念。企业要实现战略目标，必须有优秀的企业文化来导航和支撑，用文化打造企业品牌，用文化树立企业信誉，用文化传播企业形象，用文化提升企业竞争力。

企业文化建设既是"一把手"工程，也是全员工程。企业文化建设是人的思想领域的建设，是企业生存发展、提升管理水平的需要，旨在激发员工工作积极性和创造性，提升企业核心竞争力，增强企业正能量。

企业领导者必须站在促进企业长远发展的战略高度重视文化建设，对文化建设进行系统思考，出思想、出思路、出对策，确定文化建设的目标和内容，提出正确的经营管理理念，并身体力行、率先垂范，带领全体员工通过文化建设不断提高企业核心竞争力，促进企业持续快速健康发展。

企业领导者应对员工在文化建设中的主体作用予以充分肯定，调动员工广泛参与文化建设的积极性，努力使广大员工在主动参与中了解企业文化建设的内容，认同企业文化的核心理念，形成上下同心、共谋发展的良好氛围。

企业要求生存、谋发展，就必须建设社会认可、员工认同的先进文化，并在发展的进程中不断丰富、更新内容，不断提高创新能力和适应能力，最大限度地激发员工的积极性和创造力，从而在复杂多变的市场环境中获得健康持久的生命力。

企业文化建设不能毕其功于一役。企业文化建设是一项特殊的系统工程。这项工程没有起点——当一个企业将文化建设提上日程时，其实已经拥有了一定的文化积累；这项工程也没有终点——外部市场环境在不断变化，企业的发展战略也必须不断进行调整，相应地，就需要进行企业文化的变革或持续性改进。现代经济社会高速发展，企业必须时刻保持清醒的头脑，时刻关注社会经济与市场环境的变化，同时正确分析自身的优势和劣势，及时调整发展战略，全面透彻地分析企业文化改进的内容与重点建设方向。

企业文化建设要与时俱进，要有信心、决心和恒心。建设企业文化不怕起步晚、起点低，但一定要有信心、有决心、有恒心，肯学习、敢打拼、善积累。要打造优秀的企业文化，就要做好打持久战的思想准备，对文化建设常抓不懈。只有这样，企业才能在文化建设上取得更多的成果、更大的建树，才能为发展提供源源不断的智力支持。

企业文化认同离不开人文关怀。人不仅是一种物质生命的存在，更是一种精神、文化的存在。人文关怀就是尊重人的主体地位和个性差异，关心人的需求，激发人的积极性、主动性、创造性，促进人的全面发展并引导人们正确对待自己、他人和社会，正确面对困难、挫折和荣誉。文化的威力是巨大的。企业文化是企业经营管理理念的浓缩和体现，是企业成员共同遵守的价值观、道德规范和行为准则。建设一种积极向上的企业文化，是在彰显一种精神，它能够形成向心力和凝聚力；建设一种重视人文关怀的企业文化，是在创造一种环境，它会在心灵上给予员工慰藉、在行为上给予员工指引。因此，企业文化建设必须在传递正能量、加强人文关怀方面进行积极探索，以"润物细无声"的方式逐步培育、营造和谐的工作环境，这样，员工才会感觉到自己从事的工作是有价值和有意义的，才会有事业上的成就感，从而增强自身对企业的归属感与认同感。在充满正能量和人文关怀的工作环境中，员工的工作积极性和奉献精神更容易被激发出来，从而使企业在复杂多变的市场经济环境中成为一个同舟共济、团结协作的坚强战斗集体。

企业要积极倡导和谐理念，引导员工用和谐的理念和思维方式认识事物、处理问题及人际关系；要引导员工用乐观、豁达、宽容的态度看待工作、看待人生，培育自尊自信、理性和健康向上的社会心态，让企业成为员工之家。

而今，许多企业在文化建设实践中打破旧模式、构建新思维，通过因时而异、因地而异、因任务而异的观念创新、管理创新、科技创新，建设起既充满科学精神的理性、又洋溢着人文关怀的温情，既有深厚历史文化底蕴、又不失时代特色的企业文化。

第二章 爱 岗

文明实践在身边·企业员工

认同企业文化的意义

"资源是会枯竭的,唯有文化才会生生不息。"企业的发展需要文化来支撑。

优秀的企业文化有助于正确引导员工的行为。企业文化是柔性的行为规范,是那只"看不见的手",它可以产生强大的向心力和凝聚力,持续在员工内心深处发挥作用,使员工自觉接受约束,企业由此通过"看不见的手"完成了"看得见的手"的工作。

优秀的企业文化有助于持续激励员工创造价值。物质奖励短期内可以给予员工激励,但是当员工的收入达到一定水平后,其作用会越来越小。而优秀的企业文化可以持续激励员工,让员工像永动机一样在实现自我价值的同时不断为企业创造价值。

优秀的企业文化有助于增强员工的认同感。员工与企业的关系应该是相互促进、共同发展的。优秀的企业文化不仅能够促进企业经济效益提高,增强企业的竞争力,更重要的是能够把"人"放在核心位置上,为企业吸引并培养一批拥有良好文化素养和强烈归属感与认同感的优秀员工,进而形成发展合力。

优秀的企业文化有助于提升员工素养。一方面,优秀的企业文化可以在某种程度上引导员工形成正确的、向上的人生观和价值观,有助于员工工作责任心的培养与工作热情的激发,进而自觉地从思想、技能、职业素养等方面提升自己。另一方面,以企业文化建设为契机开展的思想政治教育、技能培训等,也有助于员工素质和能力的提升。

如何有效建设企业文化

健全企业管理制度。制度建设是企业文化建设的重要组成部分,也是企业文化建设的重要支撑。依法制定的规章制度可以保障企业运营有序化、规范化,降低运营成本,提高企业的竞争力;可以防止管理的任意性,保护职工的合法权益。

因此，建立健全规章制度，有助于企业实现科学管理，提高劳动生产率和经济效益，确保生产经营活动顺利进行，也是建设企业文化、推动企业发展的可靠保障。

完善企业文化体系。企业在起步阶段往往依照规章制度来进行管理，但规章制度仅是企业文化的一部分，企业文化还应该包括企业愿景（即企业目标）、企业价值观等。因此，企业文化建设不可能是一蹴而就的，需要根据企业在经营管理中遇到的实际情况来考量，并且在实际操作中不断地修改完善。

企业需要建设一个用文字表述的、可学习传播的、持续发挥影响的、多维度全方位的文化体系，并积极寻求一些好的方式或载体将其表现出来。比如举办培训、团建活动等，或利用报刊、新媒体等载体进行宣传。

搭建企业文化宣传平台。企业不论大小，都有自身独特的精神内核，有效建立企业文化就是要把这种精神挖掘出来，把它放大了去宣传，让企业的每一位成员都领悟这种精神，并将其转化成一种文化来传播。建立有效的宣传平台非常重要，可以将企业文化的正面影响扩大化、持续化。

重视企业文化的"虚""实"转化。一个好的企业应该拥有"铁打的营盘"，这个"营盘"就是文化理念。文化理念是无形的，是企业在经营管理过程中经过精心提炼、修正、升华而形成的精神理念与价值取向。但文化理念若落不到实处、不接地气，就不能解决实际问题。

企业文化的落地生根，需要良好的环境做保障：一个是文化落地的心理环境，取决于企业内部的信任程度；一个是文化落地的行为环境，取决于企业内部的执行力。行为环境取决于心理环境，执行力是信任的延伸。

企业可借用各种载体让文化理念"入眼"，并于潜移默化中使其"入心"，让员工自觉地践行企业的规章制度和价值理念。这是企业文化落到实处的一种表现。

企业文化落到实处还表现为自上而下、自下而上及持之以恒的知行合一，直观地表现在高质量的产品、高效的组织、和谐的沟通等方面。

文明实践在身边·企业员工

企业文化理念的进一步提炼和充实,则是企业文化从"实"向"虚"升华的过程。当行为导向与精神诉求超出现有文化理念的引导力时,这种从"行"到"知"的再升华,将推动企业步入更高层次的发展境界。

 社会小调查

企业文化认同调查问卷

1. 你的人生目标是什么?

_____
_____

2. 请你描述一下你的职业生涯规划。

_____
_____

3. 工作会给我们的人生带来许多意义，你认为什么是最重要的？为什么？

4. 你认为做人最重要的品质是什么？为什么？

5. 你认为事业、家庭应该如何平衡？

6. 你认为一个企业应该追求的终极目标是什么？为什么？

7. 什么样的企业才是你心目中的好企业?

8. 你认为企业与员工之间的关系应该是怎样的?

9. 你如何理解团队精神?

10. 你认为作为一名职业人,应具有哪些基本素质及能力?

小讲堂

用人单位能否以违反职业道德、企业文化为由与劳动者解除劳动合同？

首先需要明确的是，劳动者违反职业道德并不属于《中华人民共和国劳动合同法》中所规定的公司有权单方解除劳动合同的法定事由。但是《中华人民共和国劳动法》中明确规定，劳动者应当遵守劳动纪律和职业道德。可见，即使劳动合同和规章制度未做规定，遵守职业道德也是劳动者的法定义务。由此可见，虽然法律没有做出明确规定，但如果劳动者违反了职业道德，且情节严重，甚至在用人单位给予提醒、警告之后仍不纠正自身行为，用人单位可以与其解除劳动合同。

企业文化与职业道德相似，都是抽象且无形的概念，可以引导规范员工的思想行为，但通常不会对员工的行为产生强制性约束力。原则上，员工违反企业文化不能成为企业解除劳动合同的依据。但是，如果用人单位把企业文化中的一些内容具体化、书面化，写进规章制度、员工手册中，这种情况下，具有有形载体的企业文化就可以对员工的行为产生约束力。

（二）爱岗敬业、勤奋工作

爱岗是热爱自己的工作岗位，热爱本职工作。敬业是用一种恭敬严肃的态度对待自己的工作。爱岗和敬业互为前提，相辅相成，爱岗是敬业的基石，敬业是爱岗的升华。

爱岗敬业是一种平凡的奉献精神，员工在自己的工作岗位上尽职尽责、尽心尽力，一丝不苟、精益求精，才有可能为企业、为社会做出贡献。

文明实践在身边·企业员工

第二章 爱 岗

爱岗敬业也是一种忠于职守的事业精神，是职业道德的基础、核心。职业道德就像一个航标，没有它，员工就会迷失方向。一个人是否有所作为，不在于他从事何种职业，而在于他是否尽心尽力地把所从事的工作做好。

踏踏实实做好自己的本职工作，认认真真走好人生的每一步，把普通的岗位变成灿烂的舞台，将平凡的事情做得有模有样，这样的人生也是充实而有意义的。无论我们在什么岗位，从事什么职业，都不应该看轻自己的事业，要始终坚信，默默耕耘之中，蕴藏着改变世界的无限可能，蕴藏着敬事而信的强大精神力量。

榜样的力量

雪线邮路的幸福使者

其美多吉是中国邮政集团有限公司四川省甘孜县分公司的一名邮车驾驶员，承担着川藏邮路甘孜到德格段的邮运任务。他爱岗敬业，三十年如一日地驾驶邮车在平均海拔3500米的雪线邮路上运送邮件，累计行驶里程140多万公里，且没有发生一起责任事故。他意志坚强，遭遇歹徒袭击时挺身而出，用生命守护邮件安全；身负重伤后坚持康复锻炼，很快重新走上工作岗位。他以钉钉子精神将自己牢牢钉在川藏线上，将来自祖国四面八方的邮件送往雪域的各个角落，为促进藏区经济社会发展做出了积极贡献，被群众誉为"雪线邮路的幸福使者"。

其美多吉是基层一线职工的杰出代表，他扎根雪域高原、坚守雪线邮路的先进事迹，有力弘扬了爱国奉献精神，展现了新时代奋斗者努力奔跑、追梦圆梦的良好风貌，使"老西藏"精神、"两路"精神在新时代焕发出新的风采。

2019年1月25日，中宣部向全社会发布其美多吉的先进事迹，授予他"时代楷模"称号。

大国工匠徐立平

徐立平自1987年进入中国航天科技集团有限

第二章 爱 岗

公司第四研究院以来，一直从事航天发动机推进剂（即火药）药面微整形工作。航天发动机是战略战术导弹装备的"心脏"，也是发射载人飞船火箭的关键部件。火箭的制造有上千道工序，要求最高的工序之一就是给发动机推进剂药面做微整形。"雕刻"火药极其危险，稍有不慎就会蹭出火花，引起燃烧甚至爆炸。火药整形在全世界都是一个难题，无法完全用机器代替，下刀的力道完全靠工人自己判断。火药整形不可逆，一旦切多了，或者留下刀痕，致使药面精度与设计不符，点火之后，火药不能按照预定走向燃烧，发动机就很可能偏离轨道，甚至爆炸。0.5毫米是药面精度允许的最大误差，而经徐立平之手整形出的火药药面精度误差不超过0.2毫米，堪称完美，这让他的师傅都望尘莫及。

1989年，我国重点型号发动机研制进入攻坚阶段。其间，一台即将试车的发动机火药出现裂纹，为了不影响后续的研制工作，专家组决定"就地挖药"。整形师要钻进翻个身都很难的空间里，一点一点挖开填注好的火药，寻找"病根儿"。

徐立平凭着精湛的技术和过人的胆量加入了挖药突击队。历时两个多月，突击队挖出300多公斤推进剂，成功找到了故障发生的原因，修复后的发动机地面试车圆满成功。在这场攻坚战中，徐立平和队友们经受住了体力和毅力的双重考验。挖药期间，他们不同程度地出现了头晕、恶心、呕吐等症状。任务结束后，徐立平双腿疼得几乎无法行走，经过高强度的物理训练后才逐渐恢复。

为了杜绝安全隐患，徐立平还自己发明设计了20多种药面整形刀具，有两种获得国家专利，一种还被单位命名为"立平刀"。

多年来，徐立平一直行走在危险边缘，但他始终无怨无悔。他用行动彰显出航天人"严、慎、细、实"的工作作风和"以国为重"的优秀品格，诠释了党和国家大力倡导的"工匠精神"。那些守护着共和国和平的"利剑"上，凝结着徐立平这样的一线航天人的心血和汗水，也正是有了这样一批又一批航天人的坚守和奉献，中华民族的航天梦、强国梦才一步步变为现实。

（三）团结协作、诚信奉献

团队建设对于现代企业来说越来越重要了。"团结就是力量"，企业拥有一支具有强大向心力、凝聚力、战斗力的团队，才能不断发展壮大。

那么，如何增强团队协作意识呢？

建立良好的人际关系，营造和谐的工作氛围。在工作中和领导、同事建立相互信赖的和谐关系，有利于形成相互尊重、友好互助的工作氛围，这能极大地激发员工的工作热情，激励员工在工作中最大限度地发挥聪明才智。各个部门之间也要建立友好的关系，多交流、多沟通，相互协作、共同进步，这样才能团结一致把工作做好。反之，如果企业如同一盘散沙，员工之间钩心斗角，部门之间互相扯皮，就会产生严重的内耗，也不利于员工的个人发展。

工作中，员工之间有一定的竞争压力是正常的，这样才能充分调动员工的积极性，促使员工

文明实践在身边·企业员工

更加认真努力地工作，这也是保持团队锐气的必要条件。但是，这种竞争不是恶意竞争，不是相互倾轧，而是良性的、积极的竞争。员工在目标一致的前提下，团结起来，心往一处想、劲往一处使，才能共创一流业绩。

积极参加集体活动，培养团队协作精神。参加集体活动，能够让员工放松心情、缓解压力，激发员工努力工作的干劲和热情；能够为员工增加沟通交流、相互了解的机会，增进彼此之间的友谊和感情，为以后的工作提供支持。因此，开展一些内容丰富、寓教于乐、形式多样的集体活动，既有助于员工增强团结协作意识、培养默契，又有助于培养员工的集体主义荣誉感，使员工坚定和企业同步成长、共同发展的信心；既有助于鼓舞员工的思想斗志、丰富员工的精神生活，又可以使企业文化建设与基层联系得更紧密、与员工贴得更近。

企业领导班子要带头发扬团结协作精神。企业领导班子成员团结协作是建立在企业共同利益、共同目标基础上的一种和谐一致的社会关系，是一个企业存在和发展的决定性因素之一。企业领导班子成员加强团结协作，是不断消除班子内部摩擦与矛盾，使领导班子呈现相对稳定的平衡状态的需要；是发挥班子成员聪明才智，集思广益，实现集体领导的需要；是班子成员优势互补，减少内耗，形成合力，提高整体工作效能的需要。

第三章
遵守基本行为规范

扫码查看
- 同系列电子书
- 法制科普教育

（一）遵守社会公德，恪守职业道德

企业员工作为普通公民，应积极参与社会公德、职业道德建设。

社会公德是公民在社会公共生活中应该遵循的最简单、最基本的行为准则，具有全民性、群众性等特点，主要包括文明礼貌、助人为乐、爱护公物、保护环境、遵纪守法等。

职业道德是指人们在从事某一职业时应当遵循的道德规范和行业行为规范，它与各种职业要求和职业生活联系紧密，主要包括爱岗敬业、诚实守信、办事公道、服务群众、奉献社会等。

（二）职业行为准则

企业员工应恪守诚信、文明、守法、敬业的职业道德

诚信　诚信，以真诚之心，行信义之事。企业员工应多一些实干精神，少一些虚情假意，诚信做人，踏实做事，以实际行动自觉维护企业信誉。

文明　讲文明是公民基本道德规范的重要内容。企业员工要提高个人素养，践行文明礼仪，规范行为习惯，做到有礼有节。

守法　企业必须遵守国家的法律法规，遵守市场经济秩序。企业员工应积极学习法律法规，自觉遵纪守法，不触法、不犯法。

敬业　敬业是指以认真负责的态度对待自己的本职工作。企业员工应尊重自己的工作，热爱

自己的工作，尽职尽责，在平凡的岗位上做出不平凡的成绩。

企业员工应保持严谨、务实、团结、创新的工作作风

严谨　企业员工对待自己的本职工作应尽职尽责、一丝不苟；对职责范围内的基本规范、工作程序应做到准确把握，并在工作中严格执行。

务实　企业的正常运营需要的不仅仅是决策者的智慧，更重要的是每一件小事都有人去认真落实。企业员工应以勤奋务实、踏实肯干的工作作风尽心尽力做好自己的每一项工作，并在简单的小事和平凡的工作中不断提升自己、磨炼自己。

团结　企业员工之间应建立相互信任、相互支持、公平竞争、真诚沟通的工作关系，做一个认同团队协作、善于协作的人。

创新　企业员工应积极面对复杂多变的外部环境，适时转变观念，解放思想，突破传统的思维模式，与时俱进，勇于创新。

（三）日常礼仪规范

办公基本礼仪

1.上班时应着装整洁、得体，不穿奇装异服。需要到车间、工地等工作的操作人员要按要求穿工作服，戴安全帽。

男士应以带衣领的简约服装为日常着装，参加重大会议、活动时应穿西装。上班期间不应穿奇装异服，不应穿拖鞋、背心、短裤等。

女士着装应以简约大方为原则，不应穿低胸装、露背装、透视装、超短裙、短裤等；高跟鞋不宜过高，行走中尽量不要发出刺耳的声音。

2.应保持办公室干净整洁，及时清理垃圾，及时收拾整理办公物品。在公共场合也应注意保持环境卫生，不抽烟，不随地吐痰，不随地乱丢果皮、纸屑、烟蒂等。

3.工作时间不应串岗、闲谈、阅览无关刊物、

第三章　遵守基本行为规范

处理无关事务；不应使用电脑玩游戏、看与工作无关的视频等。

4. 办公室内要避免大声喧哗，与他人交流时应做到音量适中、语调柔和、态度诚恳、措辞谦虚。

5. 使用办公电话时，讲话内容尽量简洁明了；不应使用办公电话聊天。

6. 进入会议室或他人办公室，应主动敲门示意，得到许可后再进入。

7. 参加会议应提前到场，不中途离场；进入会场，应将手机等通信工具关闭或调整到静音状态；会议结束，应将座椅放回原位。

8. 接待客人，应遵循女士优先、尊者优先的原则，做到举止文明、主动热情、礼貌待人。

9. 进出房间、电梯时，应主动谦让，一般应遵循年长体弱者、来宾和女士优先的原则。

10. 工作赴约应严格守时，如遇紧急情况无法准时赴约，应事先征得对方谅解和同意。

11. 工作期间鼓励使用普通话，使用礼貌用语。

12. 上班不迟到、不早退，有事应提前请假；下班离开时，应及时关闭电脑及空调、门窗等，切断电源。

接打电话礼仪

1.电话铃声响起,应及时接听,一般不超过三声。拿起电话筒应先道"您好",再报单位,必要时报姓名。

2.若对方要求找人时,应说"请稍等";如果要找的人不在,可询问:"对不起,他(她)现在不在,有什么需要帮忙的吗?"

3.对方拨错电话时,应说:"对不起,您拨错了电话号码。"

4.外拨电话时,应先说"您好",然后报单位和姓名。

5.用电话上传下达事情时,应做到语言流畅、简明准确。接上级或有关部门的电话时,应说"请讲""请稍等,我记录一下""请放心,我一定通知到";假如没有听清楚,应说"麻烦您再重复一遍"。用电话下达通知时,应先问对方的单位、姓名、职务等,然后说"请您记录"并叙述通知内容;

必要时可请对方复述一遍。

6. 拨错电话时，应说"对不起，我拨错电话号码了"。

7. 挂断电话时，应说"再见"。

接待礼仪

1. 在规定的接待时间内，不迟到、不缺席。

2. 有客人光临时，应热情接待，并主动询问称谓和工作单位、来找何人、联系何事。

3. 客人需见相关领导时，接待人应首先征得领导同意，然后将客人带入指定场所。

4. 客人告辞时，应起身相送，并互道"再见"。

5. 与同行交谈，应保持谦虚谨慎的态度，客观公正地评价人和事，不触及行业秘密。

参会礼仪

1. 与会者应提前10分钟进入会场；开会时，不得随意走动或与身边的人交头接耳。

2.保持会场安静，会议期间应将手机或其他通信设备设置成振动模式、静音模式或关闭。

3.开会过程中原则上不允许接听电话，如有紧急事项需要处理，需走出会议室接打电话。

（四）保密工作规范

1.员工有义务对规定的内部保密事项保密。

2.应按照有关要求，做好涉密电脑、涉密文件、涉密存储设备的管理工作。

3.参与国家有关涉密项目和工作，应严格保守秘密。

4.增强保密意识，自觉遵守保密守则和保密纪律，工作中不该说、不该问、不该看、不该记的，绝对不说、不问、不看、不记。发现企业秘密已经泄露或者可能泄露时，应当立即采取补救措施并及时上报。

5.出国（境）不携带可能涉及国家商业秘密的文件资料等。

第四章
主动履行法定义务

扫码查看
- 同系列电子书
- 法制科普教育

（一）企业员工有遵纪守法的义务

纪律，指为维护集体利益并保证工作的正常进行而制定的要求每个成员遵守的规章、条文。法律是国家制定或认可的，由国家强制力保证实施的，以规定当事人权利和义务为内容的具有普遍约束力的社会规范。遵纪守法是企业员工应尽的义务，是企业健康发展的重要条件。

想要成为一名遵纪守法的好员工，首先必须树立正确的人生观、价值观和世界观，坚定信念，坚决抵御外来的各种诱惑，严于律己，遵守职业纪律和法律法规，自觉维护法纪并接受法纪约束。

（二）企业员工有遵守规章制度的义务

企业的规章制度是企业用于规范全体成员及所有经营活动的标准和规定，是企业内部经济责任制的具体化，是企业内部的"法律"。规章制度的范畴很广，包括员工守则、员工考勤管理办法、各部门岗位职责到劳动合同管理、绩效考核制度、职工奖惩办法、安全操作规程等。员工在工作期间应当遵守企业的各项规章制度。如员工严重违反企业规章制度，企业可依据相应的规章制度对其做出处罚，如调岗、降职、降薪，甚至解聘；情节严重的，触犯法律的，还可依法追究其法律责任。

企业的规章制度既规定员工的权利，也规定员工的义务，以及违反规章制度所应承担的责任。企业的规章制度只要经过合法、民主的程序制定

文明实践在身边·企业员工

并公示后，即对本企业的全体员工具有约束力。对此，《最高人民法院关于审理劳动争议案件适用法律问题的解释（一）》第五十条有相关规定："用人单位根据劳动合同法第四条规定，通过民主程序制定的规章制度，不违反国家法律、行政法规及政策规定，并已向劳动者公示的，可以作为确定双方权利义务的依据。"这为企业按照规章制度对员工进行管理，对违反规章制度的员工进行处罚提供了法律依据，使得规章制度不再是"摆设"或"一纸空文"，而是企业加强管理的"尚方宝剑"。

（三）企业员工有保守商业秘密的义务

现代社会是高度竞争化的社会，商业秘密作为企业的核心机密，关乎着企业的盛衰，主宰着企业的命运。作为员工，保守企业的商业秘密，一方面是在保护企业的经济利益，另一方面也是在保护自身的利益。在根本利益上，员工和企业是一致的，一荣俱荣、一损俱损。

员工履行保守商业秘密义务的前提是弄清什么是商业秘密及商业秘密的范围。依据《关于禁止侵犯商业秘密行为的若干规定》第二条规定，商业秘密是指不为公众所知悉、能为权利人带来经济利益、具有实用性并经权利人采取保密措施的技术信息和经营信息。其中所称"不为公众所知悉"，是指该信息是不能从公开渠道直接获取的；"能为权利人带来经济利益、具有实用性"，是指该信息具有确定的可应用性，能为权利人带来现实的或者潜在的经济利益或者竞争优势；"权利人采取保密措施"，包括订立保密协议，建立保密制度及采取其他合理的保密措施；"技术信息和经营信息"，包括设计、程序、产品配方、制作工艺、制作方法、管理诀窍、客户名单、货源情报、产销策略、招投标中的标底及标书内容等信息。

商业秘密是一种信息，它通常会通过一定的载体表现出来，这些载体包括实物、文字资料、光盘、电子数据等。商业秘密是具有重要商业价

第四章 主动履行法定义务

值的信息，对于掌握商业秘密的员工，企业如果管理不当，极易造成商业秘密泄露，从而遭受巨大损失。企业员工泄露商业秘密最常见的方式是违反约定或者违反权利人有关保守商业秘密的要求，披露、使用或者允许他人使用其所掌握的商业秘密。不管当事人之间是否有明确的约定，员工在职期间和离职以后均有保守商业秘密的义务，即保守商业秘密是法定义务，理论上只要商业秘密存在，没有公开、披露或被他人破解，义务人都负有保密义务。

 小案例

总经理以卧底身份窃取商业秘密被判刑

杨某是河南一家科技公司的总经理。2003年2月，杨某从网上看到深圳某公司生产的DEL/DEM型定量给料机等产品被市场看好的信息后，便以下岗工程师的身份应聘到该公司，并与其签订了劳动合同和保密合同。工作期间，杨某因表

第四章 主动履行法定义务

现出色很快得到提升，担任研发中心主任，负责研发工作，他也因此接触并获取了大量关于DEL/DEM型定量给料机等产品的核心受控资料。他利用职务之便，将上述产品的核心受控信息秘密拷贝到随身携带的笔记本电脑里，之后便不辞而别。没过多久，DEL/DEM型定量给料机等产品在郑州迅速投入生产，并参加了内蒙古、湖南等地的竞标，企图以低价倾销的方式迅速占领市场。深圳的公司了解并掌握相关情况后立即向警方报案。深圳警方经过几个月调查取证后，与河南警方取得联系，将杨某抓获归案，并提取到相关的书证、物证。深圳市某区人民法院以侵犯商业秘密罪判处杨某有期徒刑7个月，并处一定数额的罚金。

后 记

"文明内蒙古丛书"从选题策划到成书,历时一年,如今终于付梓。在图书编写过程中,编者搜集整理了大量关于新时代文明实践和公民道德建设的资料,深入内蒙古多个盟市机关单位、企业、农村牧区、高校调研,与部分党员干部、市民、企业员工、农牧民、大学生进行了交流,了解了情况,力求用通俗易懂的语言、鲜活的事例把文明实践具体化。希望本丛书的出版有助于引导公民在生活和工作中积极践行社会主义核心价值观,做文明社会的参与者、实践者,为文明内蒙古建设贡献力量。

本丛书在成书过程中得到内蒙古自治区党委宣传部的大力支持和精心指导,内蒙古人民出版社编辑王静、蔺小英、王曼、段瑞昕、董丽娟、孙红梅在提纲编写过程中提出很多修改意见，图片绘画者马东源老师在时间紧、任务重的情况下如期完成插图创作，在此一并表示感谢。

由于编写时间仓促，加之笔者能力有限，书中难免会出现错误和不妥之处，恳请读者批评指正。